1016成长信箱

心理世界好神奇

严艺家 著
南国虹 绘

化学工业出版社
·北京·

图书在版编目（CIP）数据

心理世界好神奇/严艺家著；南国虹绘. —北京：化学工业出版社，2021.10（2021.10重印）
（1016成长信箱）
ISBN 978-7-122-39536-8

Ⅰ.①心… Ⅱ.①严…②南… Ⅲ.①青春期-心理健康-健康教育-青少年读物 Ⅳ.①G444-49

中国版本图书馆CIP数据核字（2021）第136741号

责任编辑：赵玉欣　王　越　　　　　装帧设计：尹琳琳
责任校对：王鹏飞

出版发行：化学工业出版社（北京市东城区青年湖南街13号　邮政编码100011）
印　　装：北京新华印刷有限公司
880mm×1230mm　1/32　印张 $1\frac{3}{4}$　字数30千字
2021年10月北京第1版第3次印刷

购书咨询：010-64518888　　　　　售后服务：010-64518899
网　　址：http://www.cip.com.cn
凡购买本书，如有缺损质量问题，本社销售中心负责调换。

定　　价：29.80元　　　　　　　　　　　版权所有　违者必究

推荐序

青春期是个孤独的旅程。这个时期一个人身体开始发生变化，你开始拥有你不曾拥有的力量、主见、想法。世界在你眼前变得更大，你和家庭、朋友、陌生人之间的关系开始发生变化；你可能第一次想要离开原有家庭和归属，尝试为自我建立新的城堡和疆土。但你尚不知未来将如何展开，大大的世界会有怎样的故事。

我回忆自己的青春期，有很多问题从未有过答案。我知晓家中成年人们企盼我能健康成长，但他们却对于我所面对的困惑一无所知。我常羞于向成年人提问，写属于自己的暗语，有时需要他们，又常常将他们推开。

在我自己的堡垒之中，我慢慢长大。我在过去的十几年中一直在做心理相关的工作。我意识到我在很多场合，反复地告诉家长、孩子和那些忧虑的成年人们：在我们都曾经历的长大之中，我们害怕的、否认的、避而不谈的问题，它们很多都是我们青少年发展过程中的必经之路。

很多"问题"，它们是"正常"的。只有当我们不谈论它们、否认它们、害怕它们的时候，它们才要用更强烈的声音和"症状表达"，来提醒我们去面对。

艺家是我多年的好朋友，也是非常出色的心理咨询师。她做了这件非常了不起的事情。她用简单的语言，一个一个问题去谈论。谈论我们每个人内在的孤独感、难以融入的集体、外在的评价、他人的眼光、和家庭的关系变化，以及正在形成的自我。

她举重若轻，用漫画来承载这些重要的问题。1016 创造了一个支持性的空间，当你提问，它们都被回答——即便有时回答并非易事。

祝你能从书中找到自己的答案。

简单心理 APP 创始人、CEO

前言

一年多前，快 10 岁的女儿突然开始对我的工作感兴趣，好奇地询问各种与情绪、心理相关的问题，很想搞明白形形色色的校园生活经历背后有没有什么心理学原理。后来我们逛书店时想找相关题材的书，却发现并没有特别合适的：书店里的心理学读物虽然不少，但绝大多数针对的是成人读者；谈及小学生、初中生心理与情绪的书籍，又大多是写给父母们看的。想到女儿平时喜欢看各种校园生活题材的漫画，一个点子就这么出现了：我要做一套专门给 10 到 16 岁孩子们看的心理学科普漫画，用他们觉得有趣的方式，帮助他们更多了解自己的心理世界在经历着什么。

《1016 成长信箱》就这么应运而生，含义很简单：这个信箱专收 10 到 16 岁孩子们的来信。之所以从 10 岁开始，是因为根据最前沿的发展心理学观点，人类青春期开始的年纪已经提前到 10 岁左右，而伴随着青春期剧烈的身心变化，许多对自我心灵世界的好奇也始于此。虽然青春期会延续到

25岁左右才会结束，但相比青春期下半场而言，10到16岁的孩子们更像是稚气未脱的小大人，他们在这个阶段所经历的内心困惑与冲突是鲜明而独特的。

《1016成长信箱》的主人公阿奇是个温和内向的小女孩，乍看上去，她并没有什么引人注目的地方，和很多10到16岁的孩子们一样，她规律地上学放学，有时会抱怨作业太多考试太难，有自己的朋友与偶像，有一只猫，大部分时候过着平静的家庭生活，偶尔会和爸妈有些矛盾。无论小读者们是男生还是女生，或多或少都能在阿奇与周围同学的故事中看到自己的影子。因为1016成长信箱的存在，阿奇有了一个倾诉的树洞与可信赖的朋友，许多校园与家庭生活中的故事在一封封信件中得以呈现与解读。在十余年心理咨询工作的基础上，我将这些故事分为了五个大主题——社交、学习、身体与性别、家庭关系以及心理健康，并由此形成了五本漫画书，读者既可以选择全套阅读，也可以根据兴趣选择单本阅读。

　　1016成长信箱的那头到底是谁在回信呢？这个谜底也许会在未来某天揭晓，很欢迎小读者们和阿奇一样写信给1016成长信箱，1016君一定会很开心收到你们的来信的！

　　创作这套漫画的时候，经常会回忆起自己十三四岁时的某个场景——我坐在夕阳西下的教室里望向窗外的大草坪，那里有一支垒球队正在训练，不知怎的，那一刻心里油然而生一句感叹：活着真好呀，人类真有趣。

心理咨询师 夏长家

啥事儿都不想干 /001
我是抑郁了吗?

 一学习就走神 /007
只是因为贪玩吗?

 考试一定要穿格子衬衫才安心 /011
我可以有怪癖吗?

 一去学校就肚子疼 /015
身体想说什么?

 明明很瘦了却还要减肥 /019
吃得少也会导致心理问题吗?

 小时候的事情记不起来了 /023
童年经历对我们有影响吗?

目录

生气时真想砸杯子 /027
如何"学习"与"练习"管理情绪？

放不下手机，离不开屏幕 /031
我是电子产品成瘾了吗？

考得不好，也可以有奖励 /035
如何善待与肯定自己？

活着究竟为了什么 /039
思考这个问题有意义吗？

致谢 /043

啥事儿都不想干
我是抑郁了吗？

你好啊阿奇，
　　啥事儿都不想干但还是要一件件去完成的感觉，很辛苦吧？有时我也会有那样的感觉，这种感觉的确叫作"抑郁"，但"抑郁"并不等于"抑郁症"哦。

"抑郁"的感觉虽然令人不舒服，但也经常让我们能放慢脚步，去思考一些平时没有机会思考的问题。

但"抑郁症"是会威胁到身心健康的。

如果你的体重或睡眠质量出现了明显变化;

频繁因为一些小事发脾气;

过去爱做的事情都不再有兴趣;

甚至有伤害自己的念头。

那可就不只是感觉抑郁而已了。

不管是感觉抑郁还是怀疑自己得了抑郁症,去告诉信任、亲近的人都是很重要的。

想问问阿奇,如果有 XYZ 的演唱会,你要去看吗?想不想来一杯奶茶呀?如果对这两个问题的回答都是"想!",那多半只是"抑郁"情绪而已了。好好照顾自己,情绪会来也会走的。

感觉抑郁时会做点运动促进多巴胺分泌的 1016 君

一学习就走神
只是因为贪玩吗?

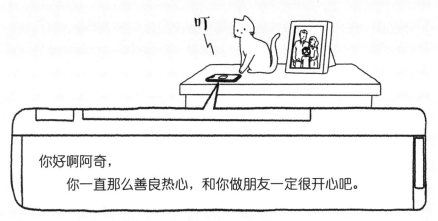

你好啊阿奇,

　　你一直那么善良热心,和你做朋友一定很开心吧。

你的猜测兴许是有道理的,家庭的变化与变故对一些人来说是很大的压力事件,足以让他们焦虑到无法正常学习。

适度焦虑可以让人调动起更多投入能量学习,但过度焦虑只会让人无法学习。

有一个让焦虑得到缓解的办法,就是把焦虑的念头和信赖的人聊一聊,讲述本身会让人在面对焦虑时不那么孤独,也有可能通过讲述看见一些新的念头。

除了得到周围人的关心,能够去感知生活中的一些美好事物,把念头集中在当下,也经常是可以帮助缓解焦虑的哟!

相信大自然是焦虑解药的 1016 君

考试一定要穿格子衬衫才安心
我可以有怪癖吗?

你好啊阿奇，

　　也许我们每个人都有一些在别人看来奇奇怪怪的习惯，毕竟我们每个人都是很不一样的。

用一些仪式或者习惯祈祷好的事情发生，这是根植在我们每个人基因里的东西。

每个人也会因为各种各样的理由，发展出专属于自己的"小仪式"。

大部分的仪式感并不会对你造成什么影响，但也有一些人的仪式感可能会严重干扰到他们的学习、生活起居、交朋友……这些情况是需要向专业人士寻求帮助的。

一去学校就肚子疼
身体想说什么？

你好啊小飞，

一去学校就肚子疼，这种感觉一定很难熬吧，真是辛苦你了呢。

我们的身体总会用各种方式提醒我们每个当下所经历的压力。

尤其当一些压力连我们自己都意识不到时，就更可能以身体不舒服的形式表现出来。

去观察和联想不舒服的感觉本身,有时候能让我们有些线索,去理解自己的身体到底想说什么。

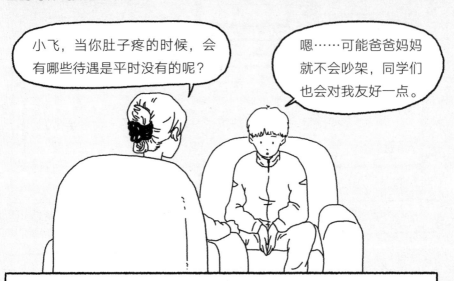

当身体独自承受的压力可以被说出来时,你就不是一个人在默默忍受那些压力,相应地,身体的不适感也是有希望减轻的。在你需要的时候,随时都可以写信给我哦。

相信身心不分家的 1016 君

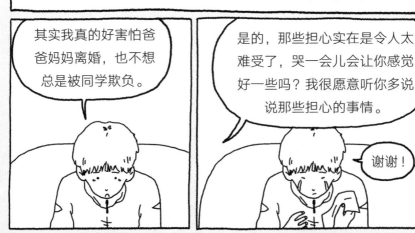

明明很瘦了却还要减肥
吃得少也会导致心理问题吗？

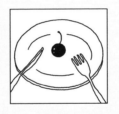

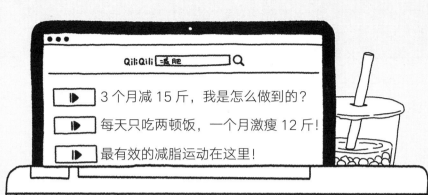

你好啊阿奇，

　　你的担心不无道理，肌肉和脂肪对于一个人的身心健康是很重要的。

因为大脑的变化，当一个十几岁的人望着镜子里或相机里的自己时，看到的并不是自己真实的样子。

除了错误的大脑信号外，流行文化制造的焦虑、过度控制的养育关系等因素都有可能让一个人与身体的关系变得纠结起来，乃至发展成进食障碍。

除了少吃、不吃之外，进食障碍也经常会以暴食或催吐的方式出现，是一种危险的心身疾病。

一旦与进食相关的困扰影响了健康，一定要去医院接受评估与治疗哦，周围人的支持也很重要呢，愿你的朋友早日找回进食的乐趣，可以重新享受自己与身体的关系。

同样觉得身心健康是福的 1016 君

小时候的事情记不起来了
童年经历对我们有影响吗?

你好啊阿奇，

如果真有时光机，我也想回去看看自己的人生密码是什么呢。

童年记忆之所以很多会被忘记，是因为人类在七八岁时，大脑会进入一个大量"修剪"的过程，你暂且可以理解为修剪掉"无用"的童年记忆，腾出地方来学习新的知识。

虽然画面无法从头脑里被调取出来，但是那些事件所导致的身体感受或情绪反应却不会随着年龄的增长就自动消失。

那些美好的童年回忆，也会以另一种形式陪伴你长大。

虽然没有时光机，但是看看老照片或听家人讲讲自己小时候的故事，都可以让我们更了解此刻的自己哦！

还在挖掘童年记忆宝藏的 1016 君

生气时真想砸杯子
如何"学习"与"练习"管理情绪?

你好啊阿奇，

　　我们每个人都有"脾气"，自己身上的这部分伤害到了在乎的人，这种感觉是很糟糕的呢。

要"管住"脾气，也许我们先要看清楚脾气本身是什么。

- 不被信任的感觉很糟糕
- 内疚于自己还不够努力
- 害怕妈妈不爱我了
- 因为不被理解而难过

小婴儿的情绪是完全需要靠大人来帮忙调节的，但十几岁的人可以试着自己学习与练习管理情绪的各种方法。

阿奇专属情绪急救包

- 听听 XYZ 的歌 ♪
- 撸一会儿猫 🐾
- 躺在床上哭一会儿
- 给好朋友打电话 ☎
- 把坏心情写下来然后撕掉
- 吃一块巧克力
- 做十个俯卧撑

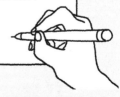

虽然管理情绪的许多工作要自己完成,但和周围人的沟通也是必不可少呢。

就和做数学题一样,情绪管理也是可以通过练习而熟能生巧的。祝你早日成为情绪管理优等生:)

还需要经常修习情绪管理功课的 1016 君

放不下手机,离不开屏幕
我是电子产品成瘾了吗?

你好啊阿奇，

　　按照十几年前的心理诊断标准，我们中的绝大多数人都算是"电子产品成瘾"了吧。

心理疾病的诊断标准是会随着社会文化的变迁而不断变化的。

有时候一些诊断的标准甚至会无法跟上时代的变化。

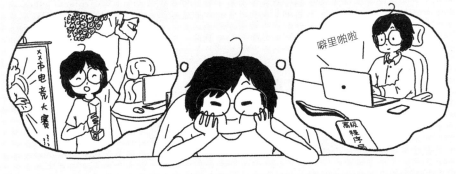

是正常使用还是成瘾,有一个简单的小标准可以自测:使用电子产品的状态有没有影响到你的"发展"?比如,你的健康发育、生活起居、学习社交……

　　心理健康的另一个重要标准是,一个人在每个当下是否感觉自己的行为是有选择的,尽管屏幕的确成了我们生活里的重要部分,但是否拥有放下屏幕的选择自由,也会逐渐成为新时代心理健康的重要标准哟。

每天至少会花 15 分钟享受无屏幕自由的 1016 君

考得不好，也可以有奖励
如何善待与肯定自己？

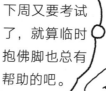

下周又要考试了，就算临时抱佛脚也总有帮助的吧。

这次数学如果能上90分，我一定要好好奖励自己一个礼物。

85分已经很不错了呢。

好吧……

哎，没上90分，还是挺丧的。

你好啊1016，

　　这次考试数学成绩还是没能上90分，尽管觉得自己很努力了……挺丧的呢，本来还想达成目标的话可以奖励自己买个XYZ的周边……

　　怀疑自己就是没有数学神经的阿奇

你好啊阿奇,

　　没达成目标的确会有点遗憾和沮丧吧,不过让自己拥有喜欢的小东西,这听起来和成绩并没太大关系。

用喜欢的东西激励自己去达成一些目标,这的确可能让人更努力些,但也可能会让人渐渐忘记自己其实本来就值得很多好东西。

过多"延迟满足"也会让我们对当下的自己不满意,习惯于活在头脑里那个想象中更美好的状态里。

85分与90分之间虽然差了5分，但没差的是你为这个目标付出过的所有努力与期盼，很为那样一个有计划和拼劲的阿奇感到骄傲呢。

买个喜欢的小礼物犒劳一下自己，然后继续努力吧！能善待和肯定自己，这些本领可比拿高分还重要呢！

还在不断练习善待和肯定自己的1016君

活着究竟为了什么
思考这个问题有意义吗?

你好啊阿奇,

恭喜你来到了会思考这种终极哲学问题的年纪。这个问题的确非常重要,对此展开思考的人并不少,其中有一些是哲学家,也有一些是像我们这样的普通人。

在十几岁的年纪,大脑的发展会让你一下子意识到时间与空间的广阔,也由此会开始思考一些之前从未想过的问题。

这些问题的答案从古至今都有许多人在探索,并没有一个定论,但思考这些问题的过程能让人清晰感受到"此时此地"的感觉。

你可能会了解到各种活着的意义,但那些都不是专属于你的,那么深奥的问题值得经年累月的思考与探索。

虽然专属于你的答案可能会需要一些时间才能慢慢找到,但活着的意义是需要在"好好活着"的过程中去寻找的。愿你在仰望星空的时候,也能脚踏实地。

经常和你望向同一片星空的 1016 君

致 谢

《1016成长信箱》的诞生是许多人为爱发电的结果，在此想特别感谢勤勉敬业的插画师南国虹老师，她生动丰富的创作让阿奇和她的小伙伴们有机会与世人对话；感谢这套书的责任编辑，她们使得我灵光一闪的点子变成了捧在手上的现实；感谢孩子们对心理学和了解自己的好奇心，让我有了创造一套科普漫画书的动力；感谢心理咨询来访者们在工作中分享的青少年心路历程，不少故事灵感来源于那些真诚勇敢的讲述。谢谢我自己，夜深人静创作时，我能感受到许多爱与支持就在那里。

致正在看这本漫画的你

　　Hi，也许你已经开始意识到有个叫"自己"的容器里每天都装着不同形态的东西，有时候你会想要搞清楚如何描述它们，有时候你会希望别人能看到它们……如果希望生活是健康自在的，观察、理解与照顾好它们是很关键的。愿你拥有通往"自己"的钥匙！:)

时不时走进"自己"看一看的1016君
p.s. 想写信的话，可以发到这个地址哟：1016@cip.com.cn